Learning to Get Along®

T0016014

Be Careful and Stay Safe

Tener cuidado y mantenerse seguro

Cheri J. Meiners, M.Ed.

Ilustrado por Meredith Johnson

Traducido por Edgar Rojas, EDITARO

free spirit
PUBLISHING®

Library of Congress Cataloging-in-Publication Data
Names: Meiners, Cheri J., 1957– author. | Johnson, Meredith, illustrator. | Rojas, Edgar (Translator), translator, editor. | Meiners, Cheri J., 1957– Be careful and stay safe. | Meiners, Cheri J., 1957– Be careful and stay safe. Spanish
Title: Be careful and stay safe = Tener cuidado y mantenerse seguro / Cheri J. Meiners, M.Ed. ; ilustrado por Meredith Johnson ; traducido por Edgar Rojas, editaro.
Other titles: Tener cuidado y mantenerse seguro
Description: Minneapolis, MN : Free Spirit Publishing, [2023] | Series: Learning to get along | Audience: Ages 4–8 | Audience: Grades K–1 | Summary: "Hazards, accidents, risk, strangers. . . . The world can seem so perilous, especially where our children are concerned. But even very young children can learn basic skills for staying safe in everyday situations and preparing for emergencies. In simple words and supporting illustrations, this book teaches little ones how to avoid potential dangers, ask for help, follow directions, use things carefully, and plan ahead. Made to be read aloud, this book also includes a special section for adults, with questions that inspire discussion and thoughtful planning, games that build safety skills, and activities that teach preparedness"—Provided by publisher.
Identifiers: LCCN 2022033494 (print) | LCCN 2022033495 (ebook) | ISBN 9781631984822 (paperback) | ISBN 9781631984839 (ebook)
Subjects: LCSH: Safety education—Juvenile literature. | Accidents—Prevention—Juvenile literature. | Children's accidents—Prevention—Juvenile literature. | BISAC: JUVENILE NONFICTION / Social Topics / Self-Esteem & Self-Reliance | JUVENILE NONFICTION / General
Classification: LCC HQ770.7 .M4518 2023 (print) | LCC HQ770.7 (ebook) | DDC 649/.1240289—dc23/eng/20220722
LC record available at https://lccn.loc.gov/2022033494
LC ebook record available at https://lccn.loc.gov/2022033495

Free Spirit Publishing does not have control over or assume responsibility for author or third-party websites and their content.

Edited by Marjorie Lisovskis
Cover and interior design by Marieka Heinlen
Illustrated by Meredith Johnson

Free Spirit Publishing
An imprint of Teacher Created Materials
9850 51st Avenue, Suite 100
Minneapolis, MN 55442
(612) 338-2068
help4kids@freespirit.com
freespirit.com

FSC
www.fsc.org
MIX
Paper from
responsible sources
FSC® C144853

Dedication

To each child who reads this book:
May these ideas and the people
who love you help keep you safe.

Dedicatoria

Para cada niño que lea este libro:
Que estas ideas y las personas
que te quieren puedan brindarte
seguridad y protección.

I want to be safe.

I'm learning to take care of myself in many situations.

Quiero sentirme seguro.

Estoy aprendiendo a cuidarme en muchas situaciones.

One way to stay safe

Una manera de mantenerme seguro

is to listen to grown-ups I trust
and follow directions.

es escuchar a los adultos en los que confío
y seguir instrucciones.

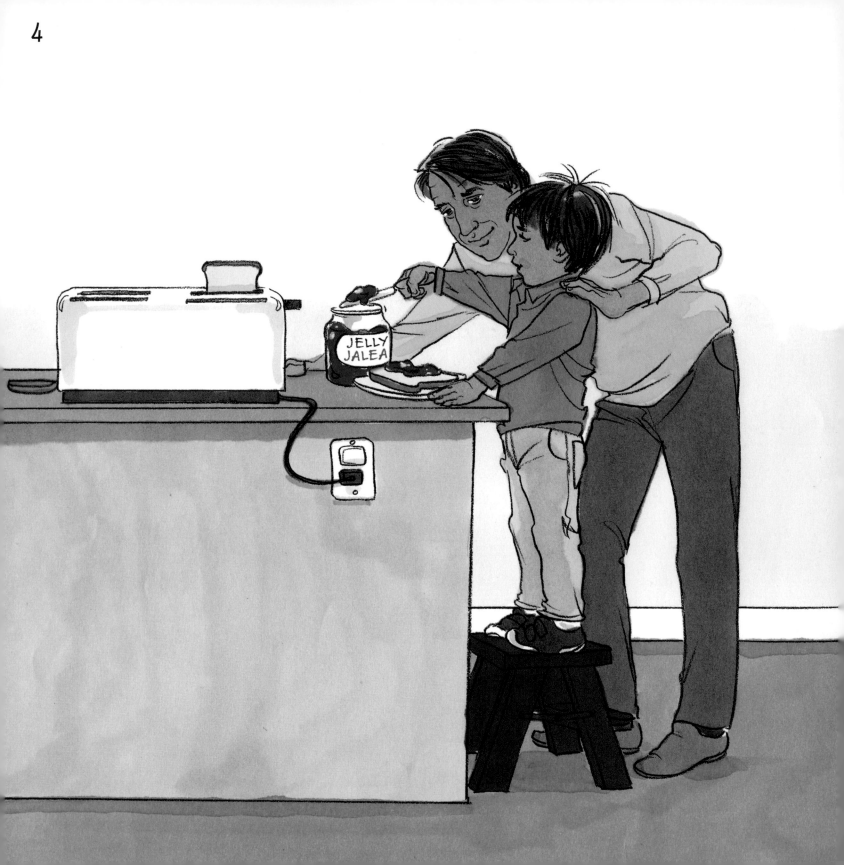

I think about what I'm doing
and use things carefully.

Pienso en lo que estoy haciendo
y uso las cosas con cuidado.

I can be aware of things
that could hurt me.

Puedo darme cuenta de las cosas
que podrían causarme daño.

Before I try something,
I can find out if it's safe.

Antes de intentar hacer algo,
debo averiguar si es seguro.

I stay away from things that are dangerous.

Me alejo de las cosas que son peligrosas.

I will learn to use some things
when I'm older.

Cuando crezca aprenderé a usar
muchas cosas.

When I go someplace with a grown-up or a buddy, I stay with the person.

Cuando voy a algún lugar con un adulto o con un amigo, permanezco con esa persona.

If we lose each other, I can keep calm.
I can stay where I am and wait to be found.

Si me pierdo, debo mantener la calma.
Puedo quedarme donde estoy y esperar a
que me encuentren.

Someone who can help will be looking for me.

Alguien que me pueda ayudar me estará buscando.

I can talk to someone who works there.

Puedo hablar con alguien que trabaje
en ese lugar.

Community helpers usually wear a badge, a name tag, or special clothes.

Los ayudantes comunitarios suelen llevar puesta una placa con su nombre o un chaleco especial.

I can ask for help whenever I need it.

Puedo pedir ayuda cuando la necesito.

I can also call for help in an emergency.

También puedo pedir ayuda en caso de emergencia.

I like to make new friends. Most people are nice.

Me gusta conocer nuevos amigos.
La mayoría de las personas son agradables.

Still, I don't talk to strangers
unless I'm with a grown-up I trust.

Aún así, no hablo con personas desconocidas
a menos que esté con un adulto en quien confío.

If I don't know someone
or if I don't feel comfortable,

Si no conozco a alguien o si no me siento cómodo,

I can ignore the person and walk away.

puedo ignorar a esa persona y alejarme.

If any person does something
that doesn't seem safe or right,

Si alguien hace algo que me parece
inseguro o incorrecto,

I can say no, get away to a safe place,
and tell someone I trust.

puedo decir que no, irme a un lugar seguro
y contarle a alguien en quien confío.

Sometimes things might happen
that I don't expect.

A veces pueden suceder cosas inesperadas.

I can plan ahead and be ready for an emergency.

Puedo planear con anticipación y estar preparado para una emergencia.

Then if something happens,
I may have what I need

Y si algo sucede, tendré lo que necesito

and people I trust to help me.

y también a las personas en las que confío para que me ayuden.

I'm learning many ways to keep myself safe.

Estoy aprendiendo muchas maneras de mantenerme seguro.

Stay away from danger.

Ask for help.

Follow directions and use things carefully.

Emergencies-have a plan!

Sigue las instrucciones y usa las cosas con cuidado.

En caso de emergencia, ¡debes tener un plan!

Guarda el número de teléfono de un adulto en quien confíes.

Un adulto puede ayudarte si te pierdes.

Recuerda pedir ayuda y aléjate del peligro.

Ordena tus ideas y mantén la calma.

When I'm careful,
I help people around me stay safe too.

Cuando tengo cuidado, también ayudo a
quienes me rodean para que estén seguros.

And that helps us get along.

Y eso nos ayuda a llevarnos bien.

Ways to Reinforce the Ideas in
Be Careful and Stay Safe

As you read each page spread, ask children:

- What's happening in this picture?

Here are additional questions you might discuss:

Pages 1–9

- Who's being careful? How can you tell? Who needs to be careful? How can the person be safer?

- What are some ways you've learned to be careful and safe at school? At home? In other places? *(Discuss safety rules that apply in different settings.)*

- What is something you know how to use carefully? What can happen if you aren't careful or if you don't use something safely?

- Why is it important to follow directions? How does that help keep you safe?

- What is something you can do (use) now that you weren't old enough for before? Something that you aren't old enough for yet?

Pages 10–17

- What are some places that you like to go with an adult? With a buddy? Why is it important to stay near that person?

- Have you ever been lost? What did you do? What can you do next time if it happens again?

- Why should you stay where you are? What can you do to help the person find you? *(Children should stay in the open where they can be seen, look for their companion or for a trusted adult like a security guard or a mother with young children who can help, and call the companion's name.)*

- What are some types of community helpers? Where do they work? How can you recognize them? *(Adults to approach include a police officer in a uniform, an adult in an information booth, or a salesclerk with a name tag.)*

- If you don't see a community helper, who else can you ask for help if you're lost? *(Usually it's safe to ask a grandma or a mom with young children.)*

- Who can you ask when you need help at school? In the neighborhood? At the park? At the library? At a friend's home?

- What is the number to call for emergencies? *(Dial 911 in the United States and Canada.)* What information do you need to know? *(Tell the type of problem and the address where you are.)*

- What are some times you should call 911 (your local emergency number)?

Pages 18–23

- Why shouldn't you talk to people you don't know if you're alone?

- When you're with a grown-up like your parent or teacher, how can you act with an adult you don't know? *(Explain that this is a safe situation, so it's polite to talk and act friendly.)*

- Would you ever need to talk to an adult you don't know? When? *(Discuss that a child who is lost or separated may need to talk to a community helper such as a police officer, security guard, or store clerk.)*

- When might you talk to a child you don't know?

- Who are adults you trust to help keep you safe?

Note: Help children understand that they should tell an adult about dangerous or uncomfortable situations that happen, such as someone other than a caregiver or doctor touching the child in places a swimsuit covers; someone who scares, hurts, or threatens the child or someone else; or someone doing something unsafe or careless. Tell children that a parent or teacher wants to know if someone is scaring or hurting them. Make it clear they won't get in trouble for telling you something that worries them. Even if a person instructs them not to tell, it's important to tell a grown-up they trust who can help them.

Pages 24–27

- What is an emergency that could happen where we live? *(Examples might be an electricity blackout, fire, hurricane, earthquake, or flood. Discuss a likely one, but don't overwhelm children with too much detail.)*

- Has that ever happened to you? Where were you? What did you do? How can we plan ahead and be ready if that happens?

Pages 28–31

- Why is it important to keep yourself safe? How does being careful and safe help us get along? *(People can have fun together without getting hurt, they can know what to do in different situations, they can learn new things, they can show respect for each other.)*

A Word About Predators: Children are more likely to be harmed by adults they know than by strangers. That's why it's important to stress that children should talk to a trusted adult about any interactions that don't feel right.

Still, "stranger danger" is a real concern. At the mall, on the way to school, or out in the neighborhood, children should know that their parent or caregiver will never send someone children don't know to pick them up. Tricks predators may use with children include asking for help, offering treats or gifts, or faking an emergency ("Your dad got hurt and I told him I'd come get you"). Children should not give out personal information to strangers. The only exception is an emergency such as when the child is lost or separated from a caregiver. Make sure children know what kinds of helpers they can turn to in such a situation.

For a safe experience on the internet, use filtering software, keep the computer in an open area of the home or classroom, and make a point to sit with young children when they are online. Teach children never to give out personal information over the internet (their name, email address, phone number, or picture). Stress that children should tell you if they ever receive messages or see things online that make them feel uncomfortable.

Safety Games

Be Careful and Stay Safe teaches children basic information about personal safety. The following skills are addressed in the book and can be remembered with the acronym **SAFE: S**tay away from danger. **A**sk for help. **F**ollow directions and use things carefully. **E**mergencies—have a plan.

Read this book often with your child or group of children. Once children are familiar with the book, refer to it when teachable moments arise involving positive behavior and problems related to personal safety. Make a point to comment when children follow directions, use items safely, avoid dangerous situations, and appropriately ask for help. Use the following activities to reinforce children's understanding of how to stay safe and plan for emergencies.

Safe and Dangerous *(reinforces Safety Skill S)*

Materials: Magnetic whiteboard and marker, magnets, magazines, index cards, scissors, glue

Preparation: Make a deck of picture cards by drawing or cutting out various pictures of household items from magazines. Glue each picture to an index card. On the board, write the word "Safe" at the top left and "Dangerous" at the top right.

Level 1

Put the deck of index cards facedown. Invite a child to draw one and ask, "What is the picture? Is it safe or dangerous (to use by yourself)?" or "Could this hurt you?" Then have the child use a magnet to put the card on the board in the "Safe" or "Dangerous" column. Continue taking turns with all the cards.

Level 2

After the child identifies an item as safe, ask, "How do you use this safely?" Let the child tell or role-play how to properly use the item. For the "Dangerous" cards, ask, "How can you be safe around this?" Have the child role-play the appropriate action (such as asking for help or staying away from it).

Staying Safe at Home and School *(reinforces Safety Skills S, A, and F)*

Materials: Small brightly colored removable adhesive labels and a permanent marker

Preparation: Create three sets of several labels: Write "No" or a large "X" on one set (signifying "Stay away"); draw a big and little stick figure on another (signifying "Ask for help"); and draw a happy face (signifying "Follow directions and use it carefully") on the third set.

Directions: Discuss with children the uses for various potentially dangerous items around home or school. (Examples of potentially dangerous items include fans, power tools, paper cutters, space heaters, electrical outlets and cords, irons, hairdryers, curling irons, stoves, gasoline cans, grills, razors, cleaning and laundry supplies, medicines.) Stress that most things have an important purpose and must be used carefully to be safe. Look around the room or rooms together for items that might be dangerous. Help children determine things they are old enough to use on their own by following directions and being careful, things they can use with help, and things they should stay away from. Have children affix stickers to items as appropriate.

If I Am Lost Role Plays *(reinforces Safety Skills A and E)*

Directions: Talk about community helpers and what they do. Then ask, "If you got lost at _____, what could you do? Who could you ask to help you?" Discuss the settings children might frequent and people who could help them. Refer to the notes in the discussion questions for pages 10–17 (page 32).

Role Play: With puppets or dolls, enact a child being lost in various settings. Have the child practice appropriate safe behavior in different circumstances, including giving one's own name, parent/caregiver's name, or a phone number as needed. The following are sample settings and helpers:

- mall/salesclerk, cashier, information booth official, security guard
- library/librarian
- beach/lifeguard
- clothing store/salesclerk
- grocery store/cashier, manager
- park or playground/mom with children
- movie theater/usher, ticket taker
- school/teacher, principal, adult aides
- neighborhood/known adult, police officer

Extension: Talk through "What can you do?" strategies with children during real-life visits to different places and settings.

Friends and Strangers *(reinforces Safety Skill S)*

Materials: Magazines, index cards, scissors, glue, marker

Preparation: Cut out a mixture of pictures to represent these categories of people: family member, friend, child, community helper, stranger. Glue the pictures to index cards. (If you wish, children can provide pictures of themselves and family members. The other pictures you collect may be used for more than one child.) Place the pictures in a stack facedown. Write "Friend" on one blank index card and "Stranger" on another.

Directions: Working with each child individually, turn over a picture from the stack and ask, "Is it okay to talk to this person (when no one else is around)?" The child may answer, "Yes, the person is a family member (friend, community helper)" or "No, I don't know him/her," and place the picture in the "Friend" or "Stranger" pile.

Extension: Role-play various safety scenarios. A few ideas are: answering the phone or door when alone, being asked questions or offered gifts or a ride from a stranger, seeing someone who needs help, being bullied by an older child, or being uncomfortable with something that a person (known or unknown) says or does.

Emergency Preparation *(reinforces Safety Skill E)*

Discuss with children possible emergencies and procedures they should be prepared to follow. Discuss rules for the following types of safety: fire, water, ice on a lake or river, bus, bicycle, pedestrian, poisons, hazards, strangers, evacuation in a disaster. Ask, "What would you do if . . . ?" Help supply answers; then role-play situations. Involve children in preparing for possible emergencies that could happen in your area. Over several days or weeks, work on different skills or preparations. Check redcross.org for more information.

Maneras de reforzar las ideas en
Tener cuidado y mantenerse seguro

A medida que lee cada página, pregunte:

- ¿Qué está pasando en esta imagen?

Estas son algunas preguntas adicionales que puede tener en cuenta:

Páginas 1 a 9

- ¿Quién está siendo cuidadoso? ¿Cómo puedes saberlo? ¿Quién debe tener más cuidado? ¿Cómo puede esa persona estar más segura?

- ¿Cuáles son algunas de las cosas que has aprendido para ser cuidadoso y mantenerte seguro en la escuela? ¿En la casa? ¿En otros lugares? *(Hable sobre las reglas de seguridad que se aplican en diferentes entornos).*

- ¿Qué cosa sabes usar con cuidado? ¿Qué podría pasar si no tienes cuidado o si la usas de manera insegura?

- ¿Por qué es importante seguir instrucciones? ¿Cómo te ayuda a mantenerte seguro?

- ¿Hay algo que ahora puedes hacer (o usar) y que antes no podías porque no tenías la edad suficiente? ¿Hay algo que aún no puedes hacer (o usar) debido a tu edad?

Páginas 10 a 17

- ¿A qué lugares te gusta ir con un adulto? ¿Y con un amigo? ¿Por qué es importante permanecer cerca de esa persona?

- ¿Alguna vez te has perdido? ¿Qué hiciste? ¿Qué podrías hacer si te vuelves a perder?

- ¿Por qué deberías quedarte donde estás? ¿Qué puedes hacer para ayudar a que te encuentre la persona que te está buscando? *(Los niños deben permanecer en un lugar abierto donde puedan ser vistos, puedan buscar a quien los acompaña o a un adulto en quien puedan confiar, como un guardia de seguridad o una madre con niños pequeños que pueda ayudar, y llamar en voz alta a la persona que los está buscando).*

- ¿Quiénes son las personas que te podrían ayudar? ¿Dónde trabajan? ¿Cómo puedes reconocerlos? *(Las personas que ayudarían podrían ser oficiales de policía en uniforme, adultos que trabajan en un puesto de información o empleados de tiendas que lleven una placa de identificación con su nombre).*

- Si no ves a esta clase de personas, ¿a quién más puedes pedirle ayuda si te pierdes? *(Por lo general, es seguro preguntarle a una abuela o a una madre con niños pequeños).*

- ¿A quién le puedes pedir ayuda cuando la necesitas en la escuela? ¿En el vecindario? ¿En el parque? ¿En la biblioteca? ¿En casa de un amigo?

- En caso de emergencia, ¿cuál es el número que debes marcar? *(Marca 911 en los Estados Unidos y en Canadá, o averigua el número de emergencia de tu país y apréndelo).* ¿Qué información necesitas saber? *(Cuál es el tipo de problema que tienes y la dirección donde te encuentras).*

- ¿En qué momentos debes llamar al 911 (o al número de emergencia del lugar donde vives)?

Páginas 18 a 23

- Si estás solo, ¿por qué no deberías hablar con personas que no conoces?

- Cuando estás en compañía de un adulto, como uno de tus padres o tu maestro, ¿cómo puedes comportarte en frente de un adulto que no conoces? *(Explique que esta es una situación segura y es de buena educación hablar y comportarse amigablemente).*

- ¿Crees que alguna vez tendrías que hablar con un adulto que no conoces? ¿Cuándo sería el caso? *(Cuando un niño se siente perdido o se separa de quien lo acompañaba, puede necesitar hablar con alguien de la comunidad que pueda ayudarlo, como un oficial de policía, un guardia de seguridad o un empleado de una tienda).*

- ¿Cuándo podrías hablar con un niño que no conoces?

- ¿Quiénes son los adultos en quienes confías para que te ayuden a mantenerte seguro?

Nota: Ayude a los niños a entender que deben contarle a un adulto sobre las situaciones peligrosas o incómodas que les suceden, por ejemplo, si alguien que no es médico ni personal de salud los toca en las partes del cuerpo cubiertas por un traje de baño, si alguien los asusta, lastima o amenaza tanto a ellos como a otra persona, o si alguien está haciendo algo inseguro o descuidado. Comuníqueles que sus padres y sus maestros querrán saber si alguien los está asustando o lastimando. Infórmeles claramente que no se meterán en problemas por contar algo que les preocupa. Incluso si una persona les dice que no deben hablar de lo sucedido, es importante contarle a un adulto en quien confían para que pueda ayudarlos.

Páginas 24 a 27

- ¿Qué tipo de emergencia podría ocurrir donde vivimos? *(Los ejemplos pueden ser un apagón, un incendio, un huracán, un terremoto o una inundación. Hable sobre la que sería probable, pero no abrume a los niños con demasiados detalles).*

- ¿Has estado en una emergencia alguna vez? ¿Dónde estabas? ¿Qué hiciste? ¿Cómo podemos planear con anticipación y estar preparados si eso sucede?

Páginas 28 a 31

- ¿Por qué es importante mantenerte seguro? ¿Por qué tener cuidado y actuar con seguridad nos ayuda a llevarnos bien con otras personas? *(Las personas pueden divertirse juntas sin lastimarse, pueden saber qué hacer en diferentes situaciones, pueden aprender cosas nuevas y mostrar mutuo respeto).*

Nota sobre los acosadores o agresores sexuales: Es más probable que los niños sean lastimados por adultos conocidos que por extraños. Por tal razón es importante enfatizar que deben comunicarle a un adulto de confianza sobre cualquier interacción en que se sientan incómodos.

Aún así, el peligro de los extraños es un problema real. Los niños deben tener muy claro que sus padres, o las personas que los cuidan, nunca enviarán a alguien desconocido a recogerlos, ya sea en un centro comercial, de camino a la escuela o en el vecindario. Los acosadores o agresores sexuales usan trucos como pedir ayuda, ofrecer golosinas o regalos, o fingir una emergencia ("tu papá se lastimó y yo le dije que vendría a buscarte") para engañar a los niños. Los niños no deben dar información personal a extraños. La única excepción es en un caso de emergencia, como cuando se han extraviado o se han separado de quien los está cuidando. Asegúrese de que sepan a qué tipo personas pueden acudir para pedir ayuda en esas situaciones.

Para garantizar una experiencia segura en internet, utilice *software* con los filtros apropiados, mantenga la computadora en un área abierta de la casa o en el salón de clases y supervise constantemente a los niños pequeños cuando estén en línea. Enséñeles que nunca deben dar información personal a través de internet (como su nombre, su dirección de correo electrónico, su número de teléfono o enviar fotos de ellos mismos). Haga hincapié en que deben comunicarle a un adulto de confianza si alguna vez reciben mensajes o ven cosas en la red que los hacen sentir incómodos.

Juegos sobre la seguridad

Tener cuidado y mantenerse seguro enseña a los niños información básica sobre la seguridad personal. Las siguientes habilidades se contemplan en este libro y se pueden recordar con el acrónimo **SEGURO**: **S**igue las instrucciones y usa las cosas con cuidado. **E**n caso de emergencia, ¡debes tener un plan! **G**uarda el número de teléfono de un adulto en quien confíes. **U**n adulto puede ayudarte si te pierdes. **R**ecuerda pedir ayuda y aléjate del peligro. **O**rdena tus ideas y mantén la calma.

Lea este libro frecuentemente con su niño o en compañía de un grupo de niños. Una vez que ellos estén familiarizados con la lectura, consúltela cuando surjan momentos de enseñanza que impliquen comportamientos positivos y problemas relacionados con la seguridad personal. Haga énfasis cuando los niños sigan las instrucciones, utilicen las cosas de manera segura, eviten las situaciones peligrosas y pidan ayuda apropiadamente. Ponga en práctica las siguientes actividades para reforzar la comprensión de los niños sobre cómo mantenerse seguros y planear para los casos de emergencia.

La seguridad y el peligro *(refuerza las habilidades de seguridad S y R)*

Materiales: Pizarra magnética y marcador, imanes, revistas, tarjetas, tijeras, pegamento

Preparación: Dibuje o recorte varias imágenes de artículos para el hogar que encuentre en revistas. Pegue cada imagen en una tarjeta para hacer un mazo de tarjetas ilustradas. Escriba la palabra "Seguro" en la parte superior izquierda de la pizarra y "Peligroso" en la parte superior derecha.

Nivel 1

Coloque el grupo de tarjetas boca abajo. Invite a un niño a escoger una tarjeta y pregunte: "¿Qué representa la imagen? ¿Es seguro o peligroso utilizar esto por ti mismo?" o "¿Te podría lastimar?". Luego pídale al niño que utilice un imán para adherir la tarjeta sobre la pizarra en la sección "Seguro" o "Peligroso". Continúe la actividad con el resto de los niños hasta utilizar todas las tarjetas.

Nivel 2

Después de que el niño identifique un artículo como "seguro", pregúntele: "¿Cómo utilizas esto de manera segura?". Deje que el niño diga o represente cómo utilizar correctamente el artículo. En el caso de las tarjetas "peligrosas", pregunte: "¿Cómo puedes estar seguro cuando estás cerca de esta cosa?". Pídale al niño que represente la acción adecuada (como pedir ayuda o mantenerse alejado del objeto).

Mantenerse seguro en el hogar y en la escuela *(refuerza las habilidades de seguridad O, R y S)*

Materiales: Etiquetas adhesivas pequeñas removibles de colores brillantes y un marcador permanente

Preparación: Organice tres grupos de etiquetas adhesivas: escriba "No" o una "X" grande en el primer grupo (que significa "Mantenerse alejado"). Dibuje la figura de un muñeco grande y otro pequeño en el segundo grupo (que significa "Pedir ayuda") y dibuje un rostro feliz (que significa "Seguir las instrucciones y usarlo con cuidado") en el tercer grupo.

Instrucciones: Hable con los niños sobre el uso de diferentes cosas que pueden ser peligrosas en el hogar o en la escuela. (Pueden ser ventiladores, herramientas eléctricas, cortadores de papel, calentadores, enchufes y cables eléctricos, planchas, secadores de cabello, rizadores, estufas, latas de gasolina, parrillas, rasuradoras, artículos de limpieza y lavandería, medicamentos). Enfatice que la mayoría de las cosas están fabricadas con un propósito importante y deben usarse con cuidado. Mire a su alrededor en compañía de los niños en busca de cosas que puedan ser peligrosas. Ayúdelos a determinar cuáles son las que pueden usar por sí mismos en la medida que tengan la edad suficiente, sigan las instrucciones y tengan cuidado, las que pueden usar con ayuda y las cosas de las que deben mantenerse alejados. Pídales que adhieran las etiquetas a los artículos según corresponda.

Juego para representar con títeres: Si estoy perdido *(refuerza las habilidades de seguridad G, R y U)*

Instrucciones: Hable sobre los ayudantes comunitarios y la labor que cumplen. Luego pregunte: "Si te perdieras en _____, ¿qué podrías hacer? ¿A quién podrías pedirle que te ayude?". Hable sobre los lugares que los niños podrían frecuentar y las personas que podrían ayudarlos. Consulte las notas en las preguntas acerca de las páginas 10 a 17 (páginas 36 y 37).

Cómo jugar: Utilice títeres o muñecos para representar a un niño que se ha perdido en diferentes lugares. Haga que el niño practique un comportamiento seguro y apropiado en diferentes circunstancias, como dar su nombre, el nombre del padre/cuidador o un número de teléfono, según sea necesario. Los siguientes son ejemplos de lugares y personas que pueden ayudar:

- centro comercial/vendedor, cajero, oficial de cabina de información, guardia de seguridad
- biblioteca/bibliotecario
- playa/guardavidas
- tienda de ropa/vendedor

- supermercado/cajero, administrador
- parque o área de juegos/mamá con niños
- cine/acomodador, quien recibe los boletos
- escuela/maestro, director, asistentes adultos
- vecindario/adulto conocido, oficial de policía

Ampliación: Durante las visitas reales a diferentes lugares, hable con los niños sobre qué pueden hacer si se pierden en ese lugar.

Amigos y desconocidos *(refuerza las habilidades de seguridad G y O)*

Materiales: Revistas, tarjetas, tijeras, pegamento, marcador

Preparación: Recorte una serie de imágenes para representar estas categorías de personas: miembro de la familia, amigo, niño, ayudante comunitario, desconocido. Pegue las imágenes sobre las tarjetas. (Si lo desea, los niños pueden proporcionar fotografías de ellos mismos y de miembros de su familia. Las otras imágenes recopiladas pueden utilizarse con más de un niño). Apile las imágenes y colóquelas boca abajo. Escriba Amigo en una tarjeta en blanco y Desconocido en otra.

Instrucciones: Lleve a cabo el ejercicio con un niño a la vez. Voltee una imagen y pregunte: "¿Te parece correcto hablar con esta persona (cuando no hay nadie cerca de ti)?". El niño puede responder "Sí, la persona es un miembro de la familia (un amigo, ayudante comunitario)" o "No, no la conozco", y luego colocar la imagen en el grupo de "Amigo" o "Desconocido".

Ampliación: Representen distintas situaciones relacionadas con la seguridad. Pueden ser situaciones como contestar el teléfono o si alguien llama a la puerta cuando el niño está solo, si una persona desconocida le hace preguntas, le da regalos o se ofrece para llevarlo de un lugar a otro, si ve a alguien que necesita ayuda, si es intimidado por un niño mayor o se siente incómodo con algo que una persona (conocida o desconocida) dice o hace.

Preparación para las emergencias *(refuerza la habilidad de seguridad E)*

Hable con los niños sobre las posibles emergencias y los preparativos y procedimientos que hay que seguir. Hable sobre las reglas de seguridad en las siguientes situaciones: incendios, agua, hielo en un lago o en un río, autobús, bicicleta, peatón, venenos, peligros naturales, personas desconocidas, evacuación en un desastre. Pregunte: "¿Qué harías si...?". Ayúdelos a proporcionar las respuestas y a representar las situaciones. Involúcrelos en la preparación para emergencias que podrían ocurrir en su comunidad. Practiquen las diferentes habilidades o preparativos durante varios días o semanas. Para obtener más información, consulte la página *redcross.org*.

Acknowledgments

I wish to thank Meredith Johnson, whose charming illustrations resonate so well with the text, and Marieka Heinlen for the exuberant design. I appreciate Judy Galbraith and the entire Free Spirit family for their dedicated support of the series. I am especially grateful to Margie Lisovskis for her diplomatic style as well as her talented editing. I also recognize Mary Jane Weiss, Ph.D., for her expertise and gift in teaching social skills. Lastly, I thank my fantastic family—David, Kara, Erika, James, Daniel, Julia, and Andrea—who are each an inspiration to me.

Agradecimientos

Quisiera agradecer a Meredith Johnson, cuyas encantadoras ilustraciones se combinan muy bien con el texto, y a Marieka Heinlen por el espléndido diseño. Agradezco a Judy Galbraith y a toda la familia de Free Spirit por el dedicado apoyo que le han brindado a la serie. Estoy especialmente agradecida con Margie Lisovskis por su estilo diplomático, así como por su talentosa revisión. También doy gracias a Mary Jane Weiss, Ph.D., por su experiencia y capacidad para enseñar habilidades sociales. Por último, agradezco a mi estupenda familia —David, Kara, Erika, James, Daniel, Julia y Andrea—, quienes son mi fuente de inspiración.

About the Author

Cheri J. Meiners, M.Ed., has her master's degree in elementary education and gifted education. The author of the award-winning Learning to Get Along® social skills series for young children and a former first-grade teacher, she has taught education classes at Utah State University and has supervised student teachers. Cheri and her husband, David, have six children and enjoy the company of their lively grandchildren.

Acerca de la autora

Cheri J. Meiners, M.Ed., tiene una maestría en Educación Primaria y Educación Dotada. Es autora de la galardonada serie sobre comportamiento social para niños *Learning to Get Along*®, fue maestra de primer grado, ha dictado clases de educación en la Universidad Estatal de Utah y ha supervisado a maestros practicantes. Cheri y su esposo, David, tienen seis hijos y disfrutan de la compañía de sus alegres nietos.